NOTICE BIBLIOGRAPHIQUE

SUR

LE PARTI CATHOLIQUE

(Réponse à M. le comte de Falloux, par M. Louis Veuillot,
rédacteur en chef du journal l'Univers.)

PAR RÉNÉ MUFFAT

Nous attendions tout de Dieu. *Mitte quem missurus es.*
Louis VEUILLOT.

ANNECY

IMPRIMERIE ET LIBRAIRIE DE CHARLES BURDET

1856

NOTICE BIBLIOGRAPHIQUE

SUR

LE PARTI CATHOLIQUE

(Réponse à M. le comte de Falloux, par M. Louis Veuillot,
rédacteur en chef du journal l'Univers.)

PAR RENÉ MUFFAT

Nous attendions tout de Dieu. *Mitte qrem missurus es.*
.Louis Veuillot.

ANNECY

IMPRIMERIE ET LIBRAIRIE DE CHARLES BURDET

1856

L'ouvrage de M. Veuillot a révélé enfin toutes les misères de ses anciens amis, devenus ses plus fougueux adversaires. On s'est longtemps imaginé que MM. de Montalembert et de Falloux étaient des champions désintéressés de la grande cause catholique; et — nous les trouvons bien ingrats — l'*Univers*, par sa modération, par son silence vis-à-vis d'eux, a contribué lui-même à les faire honorer par tous les chrétiens sincères, qui ne croient pas facilement aux mesquines passions des hommes.

Cependant l'*Univers* ignorait-il que ces deux prétendus chefs de la cause catholique n'avaient l'un et l'autre ni assez de grandeur d'âme, ni assez de prudence pour cacher longtemps un entêtement politique directement contraire à l'honneur et à la sûreté d'un parti religieux? Nous ne le pensons point. Mais longtemps il a voulu se taire, espérant dans l'ardeur puissante de leur foi, qui les sauvegarderait peut-être des ambitions terrestres. Malheureusement, ils n'ont pu s'en préserver; ils sont tombés dans l'intrigue, dans l'erreur, dans toutes les ridicules manies de l'orgueil impuissant et aveugle. Nous les plaignons.

Ainsi arrive-t-il à tous les hommes de talent et de croyances qui oublient quelque jour leur mission de charité, d'abnégation, de justice, et ne distinguent plus *ce qui appartient à César de ce qui appartient à Dieu*, parce qu'il leur faut une place dans les affaires de ce monde. Insensés, qui ne seraient point satisfaits de la conquête du ciel ! Plus insensés, lorsqu'ils se glorifient publiquement de leur faiblesse.

M. de Falloux est catholique, nous devons en convenir ; mais, avant tout, il est *fusioniste* : voilà son grave tort, voilà son hérésie. Et il a craint, ce semble, qu'on ne le sût pas assez dans le monde religieux. L'*Univers* n'en parlait que rarement. M. de Falloux eût été content de voir cet illustre organe de la religion commencer une guerre d'individus à individus, et se compromettre en de semblables questions politiques, pour donner plus de chances de renommée à ses adversaires. Mais, las d'attendre cette agression, et jaloux de l'influence toujours croissante et toujours plus légitime de l'*Univers*, M. de Falloux, qui sent le besoin d'exercer un prestige quelconque, vient de se poser en héros désintéressé, en preux défenseur de la foi, dans la prétendue *histoire du parti catholique* en France. Se croyant plus fidèle à l'Eglise qu'un grand nombre d'évêques, il s'empare du rôle d'apôtre ; il s'indigne contre une feuille et contre un écrivain estimés et admirés de tout ce qu'il y a d'hommes impartiaux et sincèrement religieux en Europe. Il a beau jeu sans doute dans un certain monde, où le seul nom de M. Louis Veuillot réveille mille injustices, mille rancunes, mille passions mauvaises. Mais auprès de nous et de beaucoup d'autres, M. de Falloux vient de se perdre lui-même par son aveuglement ou sa mauvaise foi. L'on sent trop, en le lisant, qu'il s'escrime à identifier ses intérêts avec ceux de l'Eglise. Celui qui défend autrui, celui qui défend la religion elle-même, ne dénature pas les faits, n'invective pas les personnes, et use d'autres armes que de calomnies qui puissent retomber sur lui. Nous le disons avec douleur, quand M. de Falloux nous « affirme qu'il a fait, pour se « recueillir et pour s'éclairer, tous les efforts de la cons- « cience, » nous croyons qu'il s'est trompé ou qu'il est un comédien rempli de malignité et d'imprudence. Car il a été convaincu d'erreur ou de mauvaise foi.

M. Louis Veuillot, lui aussi, vient d'écrire l'histoire du parti catholique. Il y était obligé consciencieusement. Nous tous, croyants sincères, mais ennemis de la politique, nous lui avons rappelé ce devoir. Et voilà que de sa plume ins- pirée et féconde est sortie la plus éloquente réfutation de la brochure de M. de Falloux. Il est vrai, l'ouvrage du rédacteur en chef de l'*Univers* n'est point un discours pré- paré de longue main, divisé artistement comme pour un auditoire académique. C'est tout simplement..... un chef- d'œuvre de bonne foi, de logique et de sentiment. Ce der- nier mot pourrait faire sourire ceux qui, ne lisant pas les œu- vres de M. Louis Veuillot, sont dès longtemps habitués à le croire un loup-garou dans la presse, une sorte de bête féroce qui ne fait que courir sus, que mordre, qu'égrati- gner, que provoquer, que déchirer. C'est un préjugé ré- pandu avec soin par les feuilles impies, que cet écrivain ne possède que le génie du dénigrement et de l'audace, et une verve malicieuse, mais pas un brin de sensibilité. Il serait bien temps de combattre cette absurde et infâme ca- lomnie : nous tenterons de le faire quelque jour.

En attendant, constatons que dans la lutte commencée entre M. de Falloux et M. Louis Veuillot, ce dernier seul a montré un cœur, a parlé un langage vraiment chrétien. A chaque page de son livre se trahit une douleur de l'âme, se révèle une affection profondément blessée. Par exemple, quand l'auteur vient à se souvenir de l'ancienne amitié et des « nobles combats » de M. de Montalembert, une tristesse involontaire s'empare de lui; en vain cherche-t-il à la refouler pour faire place à un sentiment d'austère justice, on sent que le cœur de l'homme désavoue la fermeté digne et vengeresse du catholique indépendant et persécuté. Et n'y a-t-il rien de touchant dans cette histoire des premières années de l'existence de l'*Univers,* où sont décrits avec tant de vérité et tant d'émotion, la pauvreté, les souffrances, l'isolement, et, malgré tout, les efforts des collaborateurs de ce journal? Mais la main de Dieu a passé par-là : ce journal a grandi, est devenu fort; il est maintenant une sublime institution, car il est, avant tout, l'œuvre du désintéressement et de la foi.

Cependant, M. de Falloux, qui sans doute n'est pas exempt d'envie, comme nous oserons mieux l'affirmer plus loin, semble ne voir dans les rédacteurs de l'*Univers* que des hommes avides de renom et de fortune, qui cherchent dans la presse ce qu'il appelle « les âpres jouissances de l'écrivain » et tous les autres avantages du journalisme. M. Veuillot répond victorieusement. Nous pouvons lire enfin l'apologie du journaliste catholique telle que nous la désirions, telle qu'elle était nécessaire. Chose bien triste ! il faut, de nos jours, que les chrétiens zélés se défendent contre un aréopage d'autres chrétiens; de même que, dans les premiers siècles de l'Eglise, Tertullien avait à les définir en face des chefs du paganisme, dans un immortel plaidoyer.

Nous citerons ce passage du livre de M. Veuillot, et l'on nous dira si jamais rien de plus beau, de plus vrai, de plus touchant, fut écrit au sujet de l'apostolat chrétien et laïque :

« ... Il n'y a pas de jouissances d'*écrivain* pour un
« journaliste. Quand par hasard le journaliste est écrivain,
« les exigences de sa profession lui enlèvent premièrement
« le plaisir d'écrire. Il n'en connaît que la fatigue et sou-
« vent le dégoût. Toujours pressé, il ne peut donner à sa
« pensée ni le développement qu'elle comporte, ni la forme
« qu'il rêve ; il a perpétuellement l'ennui de l'abandonner
« à l'état d'ébauche, pour se livrer au même travail hâté
« sur un autre sujet. Imaginez un peintre condamné à ne
« manier jamais que le lourd crayon du lithographe. Le
« journaliste qui se sent la vocation d'écrivain, y renonce.
« Le journaliste catholique perd, comme les autres, la
« jouissance d'écrire, et ne la remplace ni par les attentes
« de la fortune, ni par les joies d'ailleurs médiocres de
« la domination, ni même par les satisfactions de la lutte.
« La fortune : il est laïque, il n'a rien à prétendre dans
« l'Eglise, et l'Eglise ne peut rien pour lui que lui donner
« ses sacrements et bénir son cercueil ; il est catholique,
« il n'a rien à attendre de l'Etat, et peu de chose à espé-
« rer du public. La domination : sur qui dominer ? Il y a
« un pape, il y a des évêques, peu disposés à méconnaî-
« tre les devoirs qui leur ordonneraient de briser cette
« sorte de puissance, si elle venait à s'établir. Ce ne sont
« pas ses opinions que le parti catholique peut faire triom-
« pher, c'est la vérité catholique. Enfin, pour peu qu'on
« lui suppose de religion, il n'a pas même les satisfactions
« de la lutte. Il lutte par devoir et non par plaisir. Quand
« c'est contre des frères, la victoire est encore une défaite.
« Ailleurs, il a en présence des ennemis à peu près in-
« convertissables, qui attaquent ce qu'il a de plus cher.
« Il lutte comme on lutte contre l'incendie et contre l'i-
« nondation. Il défend la vérité, il défend les autels, il dé-
« fend l'Eglise : malheur à lui, s'il ne les défendait pas !

« Mais le bonheur qu'il peut y trouver, c'est le bonheur
« d'un fils qui défend sa mère injuriée et frappée, qui tra-
« vaille à délivrer sa mère captive, qui parle et qui écrit
« pour justifier sa mère calomniée. Il n'y a là que des dou-
« leurs incomparables. Car l'homme ne pouvant rien ai-
« mer en ce monde autant que l'Eglise, qui est Dieu vi-
« sible et la source de toute justice et de toute bonté, il
« n'y a rien qui blesse autant son cœur que les maux de
« l'Eglise et les injures sauvages et les iniquités ingrates
« dont elle est l'objet. Comptera-t-on pour rien l'horreur
« de se sentir impuissant à contenir ces perfidies, ces
« imbécilités et ces bassesses qui se conjurent perpé-
« tuellement contre l'épouse de Jésus-Christ? »

L'homme qui a écrit ces lignes est bien fort contre ses
ennemis. Quand on est, sans relâche, martyr du dévoue-
ment, des labeurs et de la calomnie, on n'a pas de peine
à repousser les attaques d'ambitieux, condamnés au terre-
à-terre du raisonnement, incapables de juger des choses de
la foi. Nulle part, dans sa brochure, M. de Falloux ne suppose qu'on puisse être désintéressé dans une cause. Se-
rait-ce qu'il n'ait jamais éprouvé lui-même ce que c'est
qu'abnégation et enthousiasme? Quoi qu'il en soit, entrons
plus avant dans la discussion.

Quels sont les griefs de M de Falloux? Il prétend que
l'*Univers* ne fait que du mal à la religion. Il l'accuse d'a-
voir cherché et réussi à exercer une espèce de dictature
dans le parti catholique, et de l'avoir converti en parti politique. Mais cette assertion est impudente et maladroite.
Au fond, le *crime* de l'*Univers* n'est, au contraire, que le
refus de ce journal de prendre une couleur politique.....
celle de M. de Falloux, En peu de pages, mais qui étin-
cellent de vérités, M. Louis Veuillot démontre que ce sont
les anciens amis de l'*Univers* qui ont *amoindri* le parti

catholique et lui ont en quelque sorte porté atteinte par la proposition de la loi sur l'enseignement, par leur entêtement après le coup-d'Etat du 2 décembre, enfin par leur condescendance pour les académiciens de toutes les doctrines et de toutes les erreurs.

L'*Univers* accepte les gouvernements, quels qu'ils soient, pourvu qu'ils protégent l'Eglise, — et fait hautement des vœux pour leur prospérité. Il n'attend jamais rien que de Dieu : *Mitte quem missurus es.* Il sait qu'une armée religieuse est bientôt dissoute, lorsque ses chefs s'éloignent de l'idée purement et uniquement catholique :

« Pourquoi, en 1843, l'*Union*, si secourue du grand
« crédit de M. l'abbé Dupanloup, a-t-elle succombé ? Elle
« était légitimiste. Pourquoi, en 1846, l'*Alliance*, si favo-
« risée de M. de Montalembert, a-t-elle disparu ? Elle était
« libérale. Pourquoi l'*Ami de la Religion*, avec d'autres
« appuis, continua-t-il de décroître ? Il était gallican.
« Pourquoi le *Correspondant*, malgré la plume et la science
« de M. Lenormant, n'a-t-il eu qu'une existence artifi-
« cielle ? Il avait sans doute trop de vertus ? L'*Univers*,
« plein de faiblesse et d'inexpérience, a résisté aux con-
« tradictions du dehors et à ses propres défauts. La ligne
« catholique était là. »

M. Louis Veuillot admire donc le gouvernement actuel de la France, qui respecte plus l'Eglise — quel contraste ! — que les gouvernements représentatifs des autres nations. Il prie pour lui ; et il n'est pas le seul : tant de prélats et le pape lui-même lui accordent leur assentiment et leurs vœux.

Cependant, aucune alliance secrète et déshonorante n'existe entre le journal l'*Univers* et le gouvernement, comme semble le dire, comme l'a inventé M. de Falloux. Ici l'écrivain fusionniste est sévèrement repris par le ré-

dacteur en chef de l'*Univers,* ce journal se trouvant attaqué
dans son honneur. M. Veuillot, après avoir reproché à
son adversaire une conduite qui n'est, dit-il, « ni d'un
gentilhomme ni d'un chrétien, » s'écrie avec un accent de
profonde conviction :

« Eh bien ! il est vrai, depuis le 2 décembre 1851, nous
« avons conclu un marché avec le gouvernement; un mar-
« ché sans débats et sans écritures, mais dont les condi-
« tions tacites nous ont paru très acceptables. Il a été
« convenu que le gouvernement gouvernerait, administre-
« rait, ferait la paix, ferait la guerre, maintiendrait la pro-
« priété, la famille, la religion, protégerait l'ordre public,
« surveillerait les journaux, etc., et que de notre côté,
« nous paierions l'impôt, nous obéirions aux lois, et, si la
« chose nous plaisait, à nos risques et périls, nous dirions
« notre avis sur les évènements et sur les opinions de ce
« monde, même sur l'Académie, même sur les philosophes,
« même sur les journaux.

« Un an après, non par la volonté du journal l'*Univers,*
« mais par le vote de huit millions de Français, il a été
« ajouté à ces premières conditions que le gouvernement,
« qui était une république, deviendrait une monarchie hé-
« réditaire. Nous n'avions pas d'objection contre cette
« clause, et nous l'avons acceptée d'un cœur pacifique,
« sans qu'aucune protestation de M. de Falloux nous en
« ait fait connaître le danger.

« Depuis lors, nous avons suivi notre chemin, payant
« l'impôt et disant notre avis, avec prudence sans doute,
« mais sans nous trouver trop gênés. Tout ne nous a pas
« déplu. Il nous a semblé que la France ne faisait pas
« mauvaise figure dans le monde et portait d'assez bonne
« grâce son manteau semé d'abeilles. »

Toute la profession de foi politique de l'*Univers* est dans cette éloquente répartie. Après cela, il n'aura que faire de répondre à des hommes qui en viendraient peut-être jusqu'à blâmer l'Eglise de ce qu'elle tolère un semblable combattant à son service. — Comme si une bonne mère ne devait pas aimer de préférence et protéger ceux de ses enfants qui la défendent le mieux !...

Nous le répétons, ce petit livre est le chef-d'œuvre de l'improvisation. Rien n'y manque : la conviction, l'impartialité, la charité y prennent un langage tour-à-tour vif et sévère, et toujours plein de convenance et de vigueur. On le lit tout d'un trait, car une chaleur étrange s'empare de vous. L'on comprend bien que ces pages sont l'expression la plus parfaite d'une âme religieuse opprimée. Il n'y a que la bonne foi, la raison et le zèle qui jouissent du privilége d'un tel style et d'une si haute supériorité.

Toutefois, nous avons découvert une lacune dans l'ouvrage de M. Veuillot ; mais cela ne fait point tache, le livre étant presque exclusivement religieux. Ce ne sont que deux pages laissées en blanc, pour motifs de délicatesse. Nous essaierons de les remplir.

Il y a, ce nous semble, et l'histoire nous en instruit, un danger sérieux pour les hommes de la plus forte trempe, d'être l'objet de l'admiration de leurs semblables, quand cette admiration se traduit, de leur vivant même, en une foule d'applaudissements, d'ovations, de transports enthousiastes qui les remplissent de joie, les préoccupent de leur personnalité, les enflent, les enivrent, en les désignant aux masses populaires comme des demi-dieux ; car il est à craindre que ces inénarrables jouissances de l'amour-propre ne leur occasionnent de graves illusions et même ne vicient entièrement leur organisation morale et intellectuelle, si, comme il arrive souvent, ils se trouvent brusquement pri-

vés des aliments de leur orgueil, c'est-à-dire d'une faveur
et d'une illustration toujours croissantes. Il ne faut pas
retourner bien loin en arrière pour trouver de si déplorables
résultats : la vie de Lamennais est là, — vie dramatique
écrite dans toutes les mémoires, et qui nous fait songer
aux terribles effets de l'orgueil humain.

Deux personnages ont quelque temps joui, en France,
d'une renommée qui n'est pas sans importance dans l'histoire contemporaine. L'un d'eux surtout, au caractère no-
ble et indépendant, aux allures distinguées, à la parole
éloquente, a été l'idole de l'Europe catholique, par son
courage et son ardeur religieuse dans les combats parlementaires. Et vraiment, c'était justice de le proclamer un
héros de pensée, et de le couvrir de bénédictions. Il défendait la liberté de l'Eglise : c'était presque de la témé-
rité; il y eût eu péril à le faire sans un talent supérieur.
Mais cet homme-là n'avait rien à redouter : il était assuré,
au moins, de conquérir l'admiration. Il y réussit. Quelques
années durant, son nom retentit dans la presse, dans les
salons, dans les palais épiscopaux et dans les presbytères.
Sa gloire était au plus haut point... Transportons-nous à une
autre époque... oh! le contraste est douloureux pour moi!

Un jour, la tribune fut supprimée: on parla plus rarement de M. de Montalembert. Ah! s'il eût su rester grand!...
Mais son dépit ne cessa de se trahir dans ses correspon-
dances pleines d'allusions et même d'attaques directes contre les hommes qui, se gardant bien de haïr le gouvernement
de Napoléon, restaient maîtres de la parole et participants
de la gloire d'un si beau règne. Ce dépit est facile à ex-
pliquer. On était lu, commenté, admiré chaque jour par
plusieurs milliers de personnes: on ne le sera plus. On
jouissait d'une renommée toujours plus étendue dans les
deux mondes: on ne vivra plus glorieusement que dans

les souvenirs. C'est affreux ! Et le rédacteur de l'*Univers*
est resté possesseur d'une tribune. Il parle encore, lui ; et,
quoiqu'il reçoive beaucoup d'injures avec tant de preuves
d'amour, il est au moins une puissance. Oh! mais, on y
songe, c'est peut-être un homme vendu ! Quoi qu'il en soit,
on n'est plus avec lui ; impossible qu'il parle un digne
langage ; cet homme-là doit faire du mal à la religion. Il
faut le signaler comme dangereux à l'univers catholique.—
De là ces lettres adressées par M. de Montalembert à une
foule de personnages trop malléables, en France, en An-
gleterre et en Italie ; épîtres composées avec tout le soin
d'un écolier habile qui, se révoltant contre ses supérieurs,
cherche à en édifier tous les étourneaux mécontents d'autres établissements d'éducation.

M. de Falloux agit de même, et pour de semblables motifs. Celui qui a été ministre, chef de la Fusion, orateur
admirable et admiré, ne saurait s'accommoder de l'isolement et du silence. Il aime bien l'Eglise, mais à condition
qu'elle lui garantira toujours la célébrité ; sinon, il se garde
bien de se brouiller avec certains collègues de l'Académie,
même éclectiques, même gallicans, même voltairiens. Il
donne la main à tout le monde. Cependant et malgré tout,
l'obscurité le menace. Nul retentissement, nulle satisfac-
tion. Il représente bien encore une idée politique, mais
c'est une chimère, il faudrait manquer de sens pour ne le
point voir ; tandis que M. Veuillot, poursuivant son droit
chemin, guidé par une colonne lumineuse, parle encore,
combat encore, remporte des victoires, et ne cesse de
monter et de resplendir.

Alors, M. de Falloux accumule de petites haines dans
son cœur. A toutes choses il trouve secrètement à redire.
Il voudrait attaquer le gouvernement, qu'il n'aime point et
que l'*Univers*—l'infidèle!—refuse de combattre ; les pré-

lats dont le plus grand nombre lisent et protègent l'*Univers*; le Saint-Père lui-même, qui encourage cette institution. Mais il n'ose: il est encore catholique et croyant, bien que mécontent, bien qu'académicien, bien qu'ami apparent de toutes les doctrines. Il ne fera donc la guerre qu'au journal l'*Univers*. C'est d'ailleurs la seule chose qui lui fasse envie: c'est une société humaine, celle-là; et, pense-t-il, elle ne doit pas accaparer toute gloire, tout crédit, toute influence. Aussi M. de Falloux se met à l'œuvre, pour démolir l'*Univers*. Tout d'abord, et c'est une abominable dérision, il prétend que ce journal est dangereux pour la foi.

Mais l'écrivain fusioniste va se trouver bientôt démoli lui-même, et plus que jamais humilié. Il s'apercevra, mais trop tard, qu'il descend, qu'il descend toujours; qu'il est déjà tombé jusqu'au rang des pamphlétaires les moins habiles. Voilà un fait reconnu, après la lecture de l'écrit de M. Veuillot. Avec lui nous nous écrions: « Passion humaine! faiblesse humaine! misère humaine! »

Les deux orateurs parlementaires usent donc toutes les forces de leur talent à renverser une de ces vivantes forteresses que, de temps à autre, dans la suite des siècles, Dieu permet aux hommes d'édifier en face de l'Eglise, et qui, par une étonnante faveur, deviennent bientôt comme une partie de l'édifice. La forteresse ne tombera point.

Chambéry, le 1er octobre 1856.

www.ingramcontent.com/pod-product-compliance
Lightning Source LLC
Chambersburg PA
CBHW061811040426

42447CB00011B/2597